Manchmal beginnt Magie da, wo alles durcheinander ist.

Wo Fragen sind, ist auch Klarheit möglich.

Und das Beste: Du musst es nicht allein schaffen.

Von Herzen,
deine Patricia

FSC
www.fsc.org
MIX
Papier aus ver-
antwortungsvollen
Quellen
Paper from
responsible sources
FSC® C105338

KI

&

Hochzeitsplanung

Bibliografische Information der Deutschen Nationalbibliothek: Die Deutsche Nationalbibliothek verzeichnet diese Publikation in der Deutschen Nationalbibliografie; detaillierte bibliografische Daten sind im Internet über dnb.dnb.de abrufbar.

Verlag: BoD · Books on Demand GmbH, Überseering 33, 22297 Hamburg, bod@bod.de
Druck: Libri Plureos GmbH, Friedensallee 273, 22763 Hamburg

ISBN : 978-3-8192-2778-3

Inhaltsverzeichnis: „Mit KI zur Traumhochzeit"

Inhaltsverzeichnis: „Mit KI zur Traumhochzeit"

6. Frag dich selbst – und nutze KI bewusst

- Was brauchst du wirklich?
- Wo willst du kreativ sein – wo Hilfe annehmen?
- Reflexionsfragen vor der Eingabe

7. Patricias Prompt-Lieblinge 💬

- Die besten Eingaben für klare, inspirierende Antworten
- Kreativ, charmant, emotional – wie du

8. Dein KI-Planer für die Praxis

- 4 Ideen, wie du KI konkret für deine Hochzeitsplanung nutzen kannst
- Mit Beispielen, Fragen & Raum für eigene Notizen
- Dein persönlicher KI-Power-Satz zum Abschluss

9. Dein persönlicher KI-Buddy

- Projekte für kleine Planungsschritte
- Ein Custom GPT für die gesamte Planungszeit
- Beispiel-Prompts – egal, wo du gerade stehst

10. Dein Weg, deine Hochzeit, dein Gefühl

- Warum du die Zügel in der Hand hältst
- KI ist dein Werkzeug, du bist das Herzstück
- Kleine Versprechen an dich selbst

1. Willkommen in deinem Planungschaos

Wenn du gerade zwischen Pinterest-Boards, Gästelisten und Moodboard-Overload versuchst, deine perfekte Hochzeit zu planen, dann atme erstmal tief durch. Du bist nicht allein – und du bist hier genau richtig. 💛

Ich bin Patricia – Hochzeitsplanerin mit Herz (und IHK-Zertifikat), Kaffeeliebhaberin und ehrlich gesagt: großer Fan von digitalen Helfern, die uns das Leben leichter machen.

Und genau darum geht's in diesem kleinen, feinen Buch:

Wie künstliche Intelligenz dir dabei helfen kann, deine Hochzeitsplanung klarer, entspannter und kreativer zu gestalten.

Für alle Konstellationen, alle Liebenden, alle Ideen – mit ganz viel Respekt & Liebe für eure Vielfalt.

KI ist kein Ersatz für echte Gefühle oder persönliche Beratung. Aber sie kann ein richtig guter Sidekick sein. Sie hilft dir, deine Ideen zu sortieren, Texte zu schreiben, deinen Stil zu finden und Struktur ins Planungschaos zu bringen.

Denn manchmal ist genau das die größte Herausforderung:
Du hast 1000 Ideen - aber wie bringst du sie in eine Vision, die sich wirklich nach dir anfühlt?

Hier kommt KI ins Spiel - nicht als Boss, sondern als deine kreative Unterstützung.

Was dich in diesem Ratgeber erwartet:

- Wie du KI sinnvoll für deine Hochzeitsplanung nutzen kannst

- Wie du deine Ideen klarer formulierst

- Meine Lieblings-Prompts für deine Hochzeitsplanung

- Und warum du selbst am Ende das Herzstück deiner Hochzeit bleibst 💍

Also:

Bereit, dir selbst das Planen leichter zu machen? Dann schnapp dir dein Lieblingsgetränk – und los geht's!

2. Was KI eigentlich ist — und was sie für deine Hochzeit tun kann

Keine Sorge, du musst weder die Programmiersprache sprechen noch Science-Fiction mögen, um künstliche Intelligenz für deine Hochzeitsplanung zu nutzen. Ich erklär dir das ganz ohne Fachchinesisch - versprochen. 😉

Was ist KI überhaupt?

Künstliche Intelligenz (kurz: KI oder AI für Artificial Intelligence) ist eine Technologie, die Muster erkennt, Texte schreibt, Fragen beantwortet und dir bei kreativen Aufgaben unter die Arme greifen kann.

Ein bisschen wie ein superschlauer Assistent, der rund um die Uhr bereitsteht.

Der bekannteste Vertreter ist wohl **ChatGPT** - ein Text-Generator, mit dem du dich fast wie mit einem echten Menschen unterhalten kannst.

Du stellst eine Frage oder gibst ein Stichwort - und bekommst innerhalb von Sekunden eine Antwort.

Das Besondere:

ChatGPT kann sich deinem Ton anpassen, dir Vorschläge machen, Dinge erklären oder kreative Texte liefern. Cool, oder?

Aber — und das ist wichtig:

KI ist kein echter Mensch. Sie hat keine Gefühle. Keine Intuition. Keine eigenen Erfahrungen.

Sie kann also niemals die Feinfühligkeit, Wärme und Erfahrung eines echten Hochzeitsprofis ersetzen!

Aber sie kann dich inspirieren. Struktur reinbringen. Und dir den Rücken freihalten.

Was KI alles für dich tun kann:

- Einladungstexte und Danksagungen formulieren

- Dekoideen oder Motto-Vorschläge entwickeln

- To-Do-Listen ordnen

- Zeitpläne strukturieren

- Stile & Konzepte in Worte fassen

- Moodboard-Beschreibungen vorbereiten

- Ideen für Shootings oder Flitterwochen sammeln

Und das Beste:

Sie wird nie müde, nie genervt – und stellt keine Gegenfragen 😄

Wo die Grenzen liegen

- KI kennt dich nicht persönlich

- Sie hat kein Bauchgefühl für Familien-Dynamiken oder Herzensentscheidungen

- Sie kann dir keine echte Empfehlung geben, welcher Dienstleister zu dir passt

- Sie kann dich nicht trösten, wenn's mal zu viel wird

Deshalb sage ich ganz klar:

KI ist ein Tool – kein Mensch.

Du entscheidest. Du fühlst. Du träumst.

Und genau deshalb funktioniert dieses Zusammenspiel so gut.

3. Deine Vision auf den Punkt bringen — mit KI als kreative Partnerin

> *Wie soll unsere Hochzeit aussehen?*
>
> *Wie soll sie sich anfühlen?*

Zwei scheinbar einfache Fragen - und doch stolpern genau hier viele Hochzeitsplanende.

Kein Wunder: Pinterest, Instagram & Co. zeigen dir 1000 Möglichkeiten.

Nur... welche passt wirklich zu dir?

Die gute Nachricht:

Du musst dich nicht sofort entscheiden.

Aber du kannst anfangen, deine Gedanken zu ordnen - mit Unterstützung. 💛

Von „Ich hab so viele Ideen" zu „So soll es sich anfühlen"

KI kann dir helfen, deinen Stil zu finden, ohne dich in Perfektion zu verlieren.

Denn oft weißt du tief im Inneren schon, was du willst - dir fehlt nur noch das passende Wording oder ein klarer roter Faden.

Hier ein Beispiel:
Du gibst in ChatGPT ein:

> *„Beschreibe meine Traumhochzeit im Boho-Stil mit rustikaler Deko, freien Sitzplätzen und einer lockeren Atmosphäre – als würden wir mitten in einem Festival feiern."*

Und zack – bekommst du einen Textvorschlag, der sich anfühlt wie aus einem Hochzeitsblog. Das kann dir helfen, deine Idee nicht nur zu spüren, sondern auch in Worte zu fassen.

Mega praktisch für:

- Einladungen
- Hochzeits-Website
- Moodboards
- Gespräche mit Dienstleister:innen

Hochzeitsstile greifbar machen — mit KI

Vielleicht weißt du: „Ich will es nicht kitschig."
Oder: „Es soll auf keinen Fall langweilig wirken."
Aber was heißt das genau? Boho, Elegant, Vintage, Modern - diese
Begriffe schwirren überall herum.
Lass KI mit dir brainstormen.

Beispiel-Prompt:

> *Bitte erkläre mir den Unterschied zwischen einer modernen und
> einer eleganten Hochzeit - mit Beispielen für Farben, Deko und
> Location.*

oder:

> *Welche Elemente passen zu einer Vintage-Hochzeit mit
> Gartenfeier und Tipizelten?*

Du wirst sehen: KI macht Begriffe greifbarer - ohne dass du dich
durch 15 Pinterest-Boards klicken musst.

Probier es mal aus:
Hier ist ein kleiner Prompt für dich:

> *Beschreibe meine Traumhochzeit in 5 Sätzen. Sie soll persönlich,
> emotional und stilvoll sein - nicht zu groß, aber mit viel Liebe zum
> Detail.*

Was dabei rauskommt, kannst du als Grundlage für alles Weitere nehmen. Oder auch anpassen und mit eigenen Worten weiterentwickeln.

Du musst nichts perfekt machen - du darfst dich *rantasten*!

Prompt-Vorlagen für deine Hochzeitsvision

Du kannst diese Eingaben einfach in ChatGPT (oder ein anderes KI-Tool) kopieren - oder sie nach deinen Wünschen anpassen.

Wichtig ist:

Sei so konkret wie möglich. Und: Hab Spaß beim Ausprobieren!

Hochzeitsstil finden & beschreiben

Prompt 1

Bitte beschreibe meine Traumhochzeit im Boho-Stil. Ich wünsche mir eine entspannte Atmosphäre, rustikale Holzelemente und viele Blumen in warmen Farben

Prompt 2

Welche typischen Merkmale hat eine elegante Hochzeit? Bitte mit Beispielen für Location, Deko und Dresscode.

Prompt 3

Ich schwanke zwischen Vintage und Modern - was sind die Unterschiede? Welche Farben und Materialien passen jeweils dazu?

Vision formulieren – als kurzer Text

Prompt 4

> *Bitte schreibe mir einen emotionalen Text in fünf Sätzen, der meine Hochzeitsvision beschreibt. Sie soll persönlich, stilvoll und herzlich sein.*

Prompt 5

> *Stell dir vor, meine Hochzeit wird in einem Garten mit freier Trauung stattfinden. Es soll locker, aber stilvoll sein. Schreib mir einen Text, den ich auf unsere Website setzen kann.*

Inspiration sammeln

Prompt 6

> *Ich suche Ideen für eine intime Hochzeit mit maximal 40 Gästen. Bitte schlag mir Locationarten, Deko-Ideen und Tagesabläufe vor*

Prompt 7

> *Welche außergewöhnlichen Hochzeitsthemen gibt es, die zu einem naturverbundenen Hochzeitspaar passen? Bitte kreativ denken!*

Du kannst natürlich auch Dinge kombinieren wie:

> *Schreib einen Einladungstext im modernen Stil für eine freie Trauung in einer Scheune*

4. Struktur statt Stress – Planungsschritte mit KI ordnen

Okay, aber wo fange ich überhaupt an?

Genau das fragen sich viele Wedding Souls irgendwann. Denn neben all der Vorfreude kommen auch Zweifel:

- Hab ich an alles gedacht?
- Bin ich zu spät dran?
- Wie soll ich das alles schaffen?

KI kann dich hier wunderbar unterstützen – nicht als Kopf der Planung, sondern als strukturierte Hilfe zur Selbstorganisation.

To-Do-Listen und Zeitpläne erstellen

Du kannst ChatGPT zum Beispiel fragen:

> *Bitte erstelle mir eine grobe Übersicht über die wichtigsten To-Dos für eine Hochzeit in 12 Monaten – inklusive Zeitangaben*

oder

> *Ich habe noch 5 Monate bis zur Hochzeit – was sollte ich jetzt dringend planen?*

Zack, bekommst du eine übersichtliche Liste, die du als Grundlage für dein weiteres Vorgehen nutzen kannst. Du kannst auch umformulieren, streichen oder ergänzen –
<u>du hast immer die Kontrolle</u>.

Aufgaben verteilen – auch an deine Liebsten

Wenn du Aufgaben an deine Liebsten abgeben möchtest – ob Freund:innen, Familienmitglieder oder Herzensmenschen – kannst du dir von KI helfen lassen.

> *Welche Aufgaben kann ich an mein Umfeld abgeben, um mich zu entlasten?*
> *Wie kann ich andere in die Planung einbeziehen, ohne dass es stressig wird?*

Solche kleinen Denkanstöße helfen dir, Verantwortung abzugeben – denn: **Du musst nicht alles alleine schaffen.**
Hilfe anzunehmen ist keine Schwäche – und auch kein Zeichen, dass du es nicht kannst.
Ganz im Gegenteil: Es zeigt, dass du spürst, was dir guttut.
Und dass du bereit bist, loszulassen – nicht aus Unsicherheit, sondern aus Stärke.
Denn auch in der Hochzeitsplanung darfst du dich halten lassen.

KI als Orga-Buddy: strukturiert, geduldig, bereit

Vielleicht willst du auch einen Tagesablauf erstellen oder dich durch eine Checkliste arbeiten. Auch hier hilft dir KI dabei, alles übersichtlich aufzubereiten – so wie du es brauchst.

Beispiel:

Erstelle mir einen Ablaufplan für den Hochzeitstag – mit Zeitfenstern, Pufferzeiten und Tipps für einen entspannten Start

Du kannst sogar sagen:

Berücksichtige bitte, dass wir ein Getting Ready an zwei Locations haben und die Trauung um 14:00 Uhr beginnt.

Je konkreter deine Angaben – desto besser die Unterstützung.

KI ist wie eine digitale Begleitung, die nicht bewertet, sondern sortiert.
Die dir keine Entscheidungen abnimmt – aber sie hilft dir dabei, sie klarer zu treffen

5. Worte mit Herz — Texte für deine Hochzeit

> *Ich weiß, was ich sagen will — aber wie sag ich's bloß schön?*

Keine Sorge, du bist nicht allein.

Viele Hochzeitsplanende kommen irgendwann an den Punkt, an dem sie das Richtige fühlen, aber es nicht in Worte fassen können. Und genau hier kann KI richtig hilfreich sein - wie ein kleiner Ideen-Booster für deine schönsten Texte.

Einladungstexte schreiben lassen

Prompt:

> *Bitte formuliere einen Einladungstext für eine sommerliche Gartenhochzeit mit lockerer Atmosphäre. Die Gäste sollen sich willkommen und frei fühlen, sich schick, aber nicht overdressed zu kleiden."*

Ergebnis?

Ein charmanter, individueller Text, den du sofort verwenden oder anpassen kannst.

(Und ja, du darfst kreativ editieren - du hast das Sagen, du entscheidest.)

Texte für eure Hochzeits-Website

Viele Paare nutzen mittlerweile eine eigene Website. Auch hier brauchst du kleine Texte: zur Location, zum Ablauf, zur Anreise, zum Geschenkewunsch...
Warum also nicht so?

Prompt:

> *Erstelle einen liebevollen Text für unsere Hochzeits-Website, in dem wir erklären, dass wir uns statt Geschenken über einen Beitrag zur Hochzeitsreise freuen.*

oder auch:

> *Formuliere einen FAQ-Bereich für unsere Hochzeitsgäste - freundlich, informativ und mit einem Augenzwinkern.*

Eheversprechen vorbereiten

Ja, auch hier kann KI helfen - als erste Ideengeberin.
Ein gutes Eheversprechen kommt von Herzen - aber wenn du mal festhängst, probier's mal so:

Prompt:

> *Bitte hilf mir bei einem persönlichen Eheversprechen. Ich möchte ausdrücken, dass wir schon viele Höhen und Tiefen gemeistert haben und ich mich auf alles freue, was kommt.*

Die KI liefert dir einen Entwurf, den du nach Gefühl anpassen kannst. Manchmal reicht ein einziger Satz, der dir die Inspiration liefert, genau das zu formulieren, was du fühlst.

6. Frag dich selbst — und nutze KI bewusst

> Ich weiß nicht mal, wo ich anfangen soll — wie soll
> mir dann eine KI helfen?

Ganz einfach:

Indem du dich zuerst selbst ein bisschen besser verstehst.

Denn bevor du die richtigen Prompts stellen kannst, brauchst du eine Sache: **Klarheit über dich**.

KI ist wie ein Spiegel. Je besser du weißt, was du willst, brauchst oder fühlst – desto besser kann sie dir helfen, daraus etwas zu formen.

Und ja, das klappt auch, wenn du unsicher bist.

Dann stellst du eben erst mal dir selbst ein paar Fragen.

Fragen die Klarheit bringen:

- Was ist mir bei meiner Hochzeit am allerwichtigsten?

- Was stresst mich aktuell am meisten?

- Wo brauche ich gerade wirklich Unterstützung – und wo möchte ich lieber selbst kreativ sein?

- Was will ich fühlen, wenn ich an meinen Hochzeitstag zurückdenke?

Und dann erst die KI fragen:

Statt:

Mach mir einen Hochzeitsplan.

Lieber:

Ich habe noch 6 Monate bis zur Hochzeit und fühle mich überfordert. Bitte gib mir eine klare To-Do-Liste mit Prioritäten.

Statt:

Wie schreibe ich ein Eheversprechen?

Lieber:

Ich möchte in meinem Eheversprechen sagen, dass wir gemeinsam durch schwere Zeiten gegangen sind - und dass ich liebe, was wir sind. Kannst du mir helfen, das in Worte zu fassen?

**Du darfst ausprobieren. Du darfst neu fragen.
Du darfst fühlen.**

KI ist keine Maschine, die dich bewertet. Sie urteilt nicht.
Du kannst mit ihr spielen, Ideen verwerfen, neue Richtungen testen.
Sie wird nicht müde, sie wird auch nicht genervt, gereizt oder ungeduldig,
wenn du zehnmal das Gleiche fragst oder mittendrin alles umwirfst.

Sie ist einfach da - strukturiert, geduldig und offen für Neues.
So wie du es brauchst- und das ist ziemlich beruhigend, oder?

Okay, KI - beeindruck mich.

In diesem Kapitel teile ich mit dir meine ganz persönlichen Lieblings-Prompts.

Nicht die, die man überall findet. Sondern die, die wirklich helfen - in echten Planungssituationen, mitten im Gedankenchaos, mitten im Gefühls-Overload.

Praktisch. Charmant. Und mit einem Augenzwinkern.

Kategorie 1: Kreativer Kickstart

Prompt 1:

> *Beschreibe meine Traumhochzeit in fünf Sätzen. Sie soll emotional, persönlich und stilvoll sein - ohne kitschig zu wirken.*

<u>Warum ich ihn liebe</u>:

Er bringt Klarheit. Schnell. Und du kannst ihn wiederholen - in unterschiedlichen Stilen, Tonalitäten oder mit Fokus auf bestimmte Elemente wie Deko, Location oder Stimmung.

Prompt 2:

> *Gib mir fünf außergewöhnliche Hochzeitsthemen – modern,*
> *aber nicht zu abgehoben. Jedes Thema bitte mit Farben, Deko-*
> *Ideen und einem Satz zur Stimmung*

<u>Mein Tipp:</u>
Wenn dir alles zu ähnlich vorkommt – einfach mal KI spinnen lassen. Du bekommst frische Impulse, die du so vielleicht nie bei Pinterest gesehen hast.

Kategorie 2: Worte, die sitzen

Prompt 3:

> *Bitte formuliere einen Einladungstext für eine freie Trauung am*
> *See. Locker, modern, mit einem Hauch Poesie – keine*
> *Standardfloskeln*

Prompt 4:

> *Hilf mir, ein Eheversprechen zu formulieren. Ich möchte sagen,*
> *dass ich auch die Macken liebe – und dass ich nie dachte, dass*
> *ich mal jemanden finde, mit dem selbst der Wocheneinkauf*
> *Spaß macht.*

<u>Tipp von mir:</u>
Je persönlicher dein Input – desto schöner das Ergebnis. Du darfst ruhig emotional werden. KI kann das. 💛

Kategorie 3: Planung & Struktur

Prompt 5:

> *Bitte erstelle eine To-Do-Liste für die letzten sechs Wochen vor der Hochzeit - inklusive kleiner Erinnerungen, die oft vergessen werden*

Prompt 6:

> *Welche Aufgaben kann ich meiner Trauzeugin geben, damit ich entlastet werde - bitte charmant und nicht nach Pflichtkatalog klingend.*

Wichtig:

Du kannst immer sagen: „Mach es kürzer", „Mach es freundlicher", „Nutz du statt Sie" - sprich einfach mit der KI wie mit einem realen Menschen. Sie passt sich an.

Kategorie 4: Für danach - Danksagung & Rückblick

Prompt 7:

> *Bitte schreib einen kurzen, liebevollen Dankestext für unsere Hochzeitsgäste - mit dem Gefühl: ‚Wir schweben noch immer auf Wolke 7.'*

Warum ich diesen liebe:

Er spart dir Zeit - und trotzdem steckt so viel Gefühl drin.

Extra-Tipp: Nutze KI als Startpunkt

Du musst nie eins zu eins übernehmen, was rauskommt.

Aber du wirst oft überrascht sein, wie viel Gefühl, Witz oder Poesie schon im ersten Versuch steckt.

8. Dein KI-Planer für die Praxis

1. Wo stehst du gerade?

Bevor es an die Planung geht, lohnt es sich, kurz innezuhalten:
Wo stehst du gerade? Welche Aufgaben liegen vor dir? Und was wünschst du dir, wofür KI dich unterstützen darf?

Fragen zur Reflexion:

- Was fällt mir in der Hochzeitsplanung gerade schwer?
- Wobei hätte ich gerne ein bisschen mehr Leichtigkeit oder Unterstützung?
- Welche Aufgaben machen mir am meisten Freude?

Meine Gedanken dazu:

(Platz für eigene Notizen)

Vielleicht kennst du das: Manchmal braucht es einfach neue Ideen, einen kleinen kreativen Schubs von außen. Hier kann KI ein echter Ideen-Booster sein!

Wichtig dabei:

<u>Je konkreter deine Frage, desto passender die Antwort.</u>

Beispiel-Prompts für mehr Inspiration:

Gib mir 10 kreative Ideen für Gastgeschenke bei einer Hochzeit im Vintage-Stil.

Welche Locations eignen sich für eine freie Trauung am See mit 50 Gästen?

Welche besonderen Programmpunkte passen zu einer familiären Hochzeit mit Kindern?

Dein Raum für eigene Prompt-Ideen:

3. Struktur statt Chaos — mit KI den Überblick behalten

Planung bedeutet oft auch:
viele To-dos, viele Termine, viele Gedanken gleichzeitig im Kopf.
KI hilft dir dabei, Ordnung reinzubringen - zum Beispiel mit Checklisten,
Zeitplänen oder übersichtlichen Step-by-Step-Anleitungen.

Beispiel-Prompts für mehr Struktur:

Erstelle einen groben Zeitplan für die Hochzeitsplanung mit einer Dauer von 12 Monaten.

Welche Aufgaben sollte ich drei Monate vor der Hochzeit erledigen?

Liste die wichtigsten Fragen auf, die ich beim ersten Gespräch mit einer Floristin stellen sollte.

Platz für deine persönlichen Listen und Planungen:

Manchmal hilft es, die Gedanken einmal laut auszusprechen – oder eben aufzuschreiben.

Auch dabei kann KI dich unterstützen: als Reflexionspartner, der dir die richtigen Fragen stellt, damit du Klarheit gewinnst.

Beispiel-Prompts für die Reflexion:

Welche Fragen helfen mir dabei, den passenden Hochzeitsstil für uns zu finden?

Wie kann ich herausfinden, welche Elemente meiner Hochzeit mir wirklich wichtig sind?

Formuliere Fragen, um gemeinsam mit meinem Partner/ meiner Partnerin über unsere Wünsche für die Hochzeit zu sprechen.

Meine Gedanken dazu:

Zum Abschluss:

Gibt es einen Satz, ein Motto oder einen Lieblings-Prompt, der dich während deiner Planung immer wieder motivieren darf?

9. Dein persönlicher Hochzeits-KI-Buddy

Die Hochzeit ist ein einmaliges Erlebnis - aber die Planung kann sich ganz schön in die Länge ziehen. Über Monate (oder sogar über ein Jahr) hinweg kommen neue Aufgaben hinzu, Details ändern sich und manchmal verliert man den Überblick.

Und genau deshalb lohnt es sich, deinen ganz persönlichen Hochzeits-KI-Buddy anzulegen - als digitales Gedächtnis, Planungsassistent und Inspirationsquelle in einem.

Beispielbilder:

Projekt:

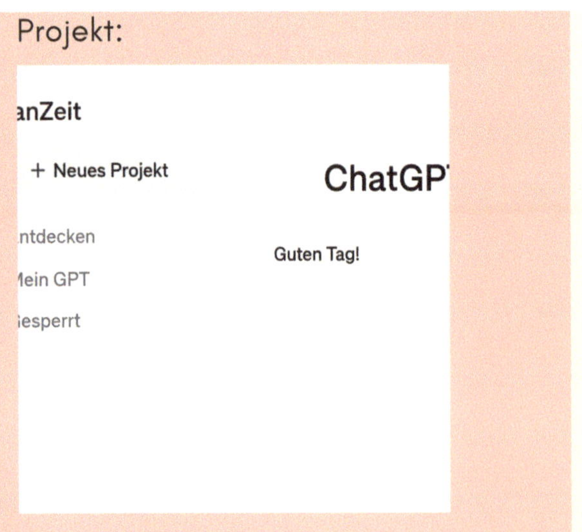

Customer:

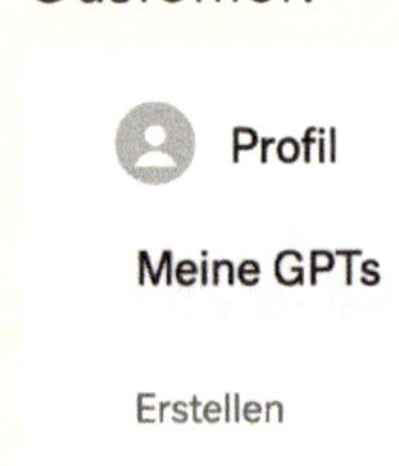

Wenn du nur gelegentlich Unterstützung brauchst, z.B. bei einem bestimmten Thema (wie dem Ablaufplan oder den Einladungstexten), dann ist ein klassisches Projekt in deinem KI-Chat ideal.

<u>So geht's:</u>

1. Öffne deinen Chat mit ChatGPT.
2. Klicke oben links auf „+ Neues Projekt".
3. Gib deinem Projekt einen Namen, z.B. „Unsere Hochzeitsplanung" oder „Boho-Konzept August 2026".
4. Starte mit einem Prompt wie:

> *Hallo, ich plane meine Hochzeit im Sommer 2026 und möchte, dass du mich in diesem Projekt immer wieder unterstützt. Ich habe bereits ein Moodboard, wir heiraten auf einem Gutshof, es soll ein entspannter Tag mit 80 Gästen werden. Ich freue mich auf deine Hilfe – egal ob beim Texten, Recherchieren oder Strukturieren.*

So bleibt dein Chatverlauf übersichtlich und du kannst jederzeit wieder einsteigen – wann immer du Input brauchst.

Option 2: Ein eigener Hochzeitsplaner als Custom GPT

Wenn du eine umfangreiche Planung mit vielen Details, Dienstleister:innen und Ideen hast, dann kannst du dir deinen eigenen Hochzeitsplaner als Custom GPT bauen – ganz individuell auf dich abgestimmt.

💡 Wichtig: Diese Funktion ist aktuell nur mit einem aktiven ChatGPT Plus-Abo verfügbar.

So funktioniert's:

1. Logge dich bei ChatGPT ein
2. Klicke rechts oben auf dein Profilbild oder deinen Namen
3. Wähle „Meine GPTs" aus
4. Klicke auf das „+ Erstellen"
5. Jetzt kannst du deinem GPT einen Namen geben und deinen Prompt eingeben

Beispielnamen: „Happy Wedding Coach" oder „Mein Wedding-Buddy"

Wichtig zu wissen:

Der Prompt beim Erstellen deines eigenen GPT ist wie eine erste Rollenbeschreibung – eine grobe Skizze.

Je mehr Informationen du deinem Hochzeits-GPT mit der Zeit gibst (z. B. Datum, Gästezahl, Wunschstil, Location oder Pinterest-Board), desto besser kann er dich begleiten.

Du kannst ihm auch jederzeit im Gespräch weitere Hinweise geben – oder Dokumente, Checklisten und Ideen hochladen. So wächst dein Hochzeitsbuddy mit dir mit.

Beispiel-Prompt, wenn du schon erste Planungsideen hast:

Du bist mein empathischer, strukturierter und kreativer Hochzeitsplaner. Du unterstützt mich bei der Planung unserer Sommerhochzeit 2026 auf einem Weingut. Ich wünsche mir eine Mischung aus Boho und Eleganz. Du gibst mir Tipps, erstellst Listen, hilfst bei Texten, gibst kreative Impulse, bleibst aber immer freundlich, motivierend und klar.

Optional:

Ich möchte auch Texte für Website, Einladung und Eheversprechen schreiben – erinnere mich gern daran, wenn der Zeitpunkt passt.

Beispiel-Prompt, wenn du noch ganz am Anfang stehst:

Du bist mein kreativer und strukturierter Hochzeitsplaner. Ich habe gerade erst mit der Planung begonnen und weiß noch nicht, wann und wo wir heiraten wollen. Du hilfst mir, Schritt für Schritt Klarheit zu gewinnen, beginnst mit den wichtigsten Fragen und bleibst dabei freundlich, geduldig und inspirierend. Bitte stelle mir gezielt Fragen, um herauszufinden, was zu uns passt.“

Optional:

Ich bin mir oft unsicher, was wir wirklich wollen – hilf mir, mich nicht zu verzetteln, sondern bei jedem Schritt motiviert zu bleiben.

💡 Tipp: Du kannst deinem GPT später auch Daeien hochladen (z. B. Moodboards, Ablaufpläne oder Gästelisten), damit er dich noch besser begleiten kann.

Fazit:

Planen wie ein Profi – mit deinem digitalen Hochzeitsbuddy.

Egal ob Projekt oder persönlicher Planungs-GPT – du entscheidest, wie viel Unterstützung du brauchst.

Aber eines ist sicher: Mit deiner KI an der Seite verlierst du nie den roten Faden und hast immer eine freundliche Stimme auf Abruf.

Mach's dir leichter – und gönn dir digitale Planung, die mit dir wächst.

10. Dein Weg, deine Hochzeit, dein Gefühl

Am Ende zählt nicht, ob es perfekt ausgesehen hat
— sondern das es sich perfekt angefühlt hat!

Mit diesem kleinen Ratgeber hast du nicht nur ein paar Prompts kennengelernt, sondern auch einen neuen Blick auf deine Hochzeitsplanung bekommen.

Vielleicht hast du dich zwischendurch wiedergefunden, geschmunzelt oder gedacht:

„Ja, das bin ich."

Das würde mich freuen.

Denn genau dafür habe ich dieses Buch geschrieben.

KI ist ein Werkzeug. Du bist das Herzstück.

Egal, wie viele Tools du nutzt - am Ende zählt das, was **du** daraus machst.

Deine Ideen. Deine Worte. Deine Liebe.

KI kann dich unterstützen, inspirieren, sortieren - aber deine Hochzeit fühlen, das kannst nur du. Und das ist auch gut so!

Denn genau das macht deine Hochzeit so besonders.

Mein Wunsch für dich:

- Dass du mit Freude planst.

- Mit Leichtigkeit entscheidest.

- Und mit einem klaren Gefühl sagen kannst:
  „Das ist unsere Hochzeit. So fühlt sie sich richtig an."

Ein paar *promises* an dich selbst:

Ich verspreche mir selbst...

> *...dass ich mich in dieser Planungszeit nicht verliere.*

> *...dass ich mich selbst spüre.*

> *...dass ich mich traue, Hilfe anzunehmen.*

> *...dass ich das Große Ganze nicht aus den Augen verliere.*

> *Und dass ich am Ende sagen kann:*
> ***"Das war mein Weg – mit Herz, Magie und ganz viel Liebe."***

Danke, das DU hier bist!

Wenn dir dieses Buch gefallen hat, freue ich mich über eine Bewertung. ⭐⭐⭐⭐⭐

Schreib mir gerne, wie KI dir geholfen hat.

Folg mir auch gerne auf Instagram für weitere Inspirationen zu deinem/eurem großen Tag.

Happy Wedding – deine Patricia